MA RÉPONSE

A M. EUGÈNE GRANGER

ET A SES DEUX ASSESSEURS

MM. THIELLEMENT ET PIGNY

POUR LE MOMENT

TRIUMVIRS SANS OUVRAGE AU RAINCY

Or, s'il te reste au cœur quelque ombre d'équité
Accorde-moi le champ de la publicité.

E. GRANGER,

PARIS

IMPRIMERIE DUBUISSON ET Cie

5, RUE COQ-HÉRON, 5

1868

MA RÉPONSE

A M. EUGÈNE GRANGER

ET A SES DEUX ASSESSEURS

MM. THIELLEMENT ET PIGNY

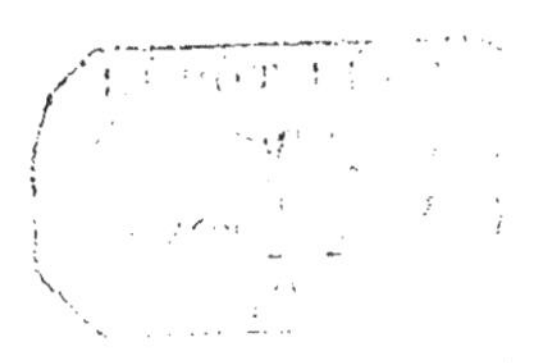

A MM. LES PROPRIÉTAIRES DU RAINCY

Messieurs,

A propos de la critique anodine que j'ai faite dans le *Tin-tamarre*, d'une plate adulation chantée en vieille prose,

Où les vers se sont mis,

et dont M. Granger s'est déclaré l'auteur, je me vois à regret, Messieurs, obligé de lever un impôt sur vos loisirs du dimanche pour me défendre d'abord à vos yeux, et répondre à l'épître diffamatoire, insultante et calomnieuse dont MM. Thiellement et Pigny (les deux moutons du Panurge-Granger) se sont déclarés solidaires.

Ces trois grandes figures du Raincy, ces trois colons dans un seul bonnet, à l'approche de la réélection des membres du syndicat, ont jugé qu'il était prudent d'occuper tout le village de leurs personnes et de la mienne.

Cette petite réclame électorale leur sera comptée.

Quant à moi, Messieurs, appelé par vous à l'honneur de vous représenter, alors qu'il s'agissait réellement d'édifier, de construire et de légiférer en faveur de notre colonie en jachères, je me récuse.

Je crois qu'il est temps de rentrer dans mon obscurité, d'où vous m'aviez fait sortir.

Pendant huit ans, j'ai eu l'honneur de m'asseoir et de siéger côte à côte avec vos plus dignes : MM. Leconte, Bénard père, Morel, Thiellement, de Morainville, Peire, Thibaut, Vidal, Selheimer, Berlinguiot et d'autres que j'oublie.

Pendant quatre années successives, vous nous avez renommés *par acclamation*.

Cet excès d'honneur, pour moi, Messieurs, me suffit.

Les méchants vers de M. Granger éclaboussent, mais ne tachent pas.

Je vais lui répondre.

Je suis, Messieurs, votre très-reconnaissant ex-délégué.

COMMERSON,

directeur et rédacteur en chef
du *Tintamarre*.

MA RÉPONSE

A M. EUGÈNE GRANGER

ET A SES DEUX ASSESSEURS

MM. THIELLEMENT ET PIGNY

POUR LE MOMENT

TRIUMVIRS SANS OUVRAGE AU RAINCY

> Or, s'il te reste au cœur quelque ombre d'équité
> Accorde-moi le champ de la publicité.
>
> **E. GRANGER.**

Vous allez être servi, Messire. Le *Figaro* vous l'a refusée ; moi je vous la donne.

Tant pis si vous n'avez pas su :

> Imiter de Conrart le silence prudent.

N'ayez peur, cher monsieur Granger, je ne veux pas ennuyer tout le village. Je ne commenterai pas les mauvais vers dont votre catilinaire abonde ; je répondrai seulement à quelques-unes de vos attaques et ferai avec chacun des trois magistrats du Raincy un petit cours d'histoire rétrospective et politique.

Vous avez beau vouloir m'effrayer, compère, en me donnant cette insolente leçon :

« Seulement, sois prudent : il est encorE des lois,
« Pèse bien tous tes mots, MESURE TES EXPLOITS. »

Je ne reconnais à personne le droit de m'empêcher de vous rejeter au visage les épithètes de pamphlétaire, de gazetier, de folliculaire, de spadassin et de *salisseur* de la presse, etc... que vous me faites écrire par le magister du village.

Je ne veux en aucun cas discuter vos personnes. Je respecterai votre honorabilité de citoyens; je ne franchirai pas le mur mitoyen qui nous sépare; mais je discuterai vos actes d'hommes publics, remplissant par procuration des fonctions publiques, dont l'inutilité greffée sur votre infatuation me choque. C'est mon droit, et j'en use.

Pour que ma plume ne soit point acerbe, cher monsieur Granger, j'épancherai dans le sein de notre ami commun, M. Pigny, mon excellent ex-collègue, les vives douleurs que j'ai ressenties de la fustigation que vous venez de me donner en vers aussi alexandrins que possible.

Mais pour Dieu, que cette causerie reste confidentielle entre Pigny, vous et moi; la galerie n'a que faire en ceci. — Et d'ailleurs, je ne dispose pas comme vous de la force publique, et ne veux ni ne peux faire distribuer ma prose par NOS appariteurs...

Je vous quitte un instant, excellent Granger, le sein de mon ami m'attend. . . . .

Mon cher Pigny,

Vous ne savez peut-être pas qu'il y a Granger et Granger. Le Granger des cuirasses et des salons (le vrai), et le Granger dit le Charmeur du Raincy (le faux), le nôtre, celui enfin qui peut dire comme Corneille :

Je ne dois qu'à moi seul toute ma renommée.

C'est assez de deux Granger comme cela, Pigny. S'il s'en présente un troisième, n'en laissez plus monter. Vous direz qu'on n'en reçoit plus.

Le faux Granger (le charmeur) a voulu causer avec moi. Causons :

En 1848, le Granger des cuirasses pour les cabotins, celui qui me dénonce en m'envoyant ce vers :

Eh ! tout beau donc, monsieur l'avancé démocrate.

était d'un rouge pourpre. Il n'a rien de commun avec celui-ci qui, est devenu frais et rose.

Ce Granger là, cher Pigny, n'a pas de mémoire. Il ne se souvient plus du soir où les frères Cogniard faisaient chanter à Frédérick Lemaître et Clarisse Miroy, sur le théâtre de la Porte-Saint-Martin, la *Marseillaise* à jet continu. Il oublie que, lui et moi, de chaque côté du drapeau agité dans l'espace, nous chantions en chœur :

Aux armes, citoyens !

Ce satané Granger-là avait une bien belle voix de ténor ! moi, j'avais une simple basse-taille. Ça se mariait bien.

Oh ! si vous saviez, Pigny, comme nous chantions bien ensemble :

Formez vos bataillons !

Oui, mais hélas ! il a perdu sa belle voix de ténor. Il lui serait impossible de chanter cela aujourd'hui ; et moi, l'avancé démocrate, mon âge et mes souvenirs me permettent encore de fredonner en chevrotant :

Qu'un sang impur abreuve nos sillons !

Quand je pense que ce Granger-là — le charmeur de notre colonie, — qui me disait : « Bonjour, citoyen, » en 48, m'appelle savetier en 68 !

Que les temps sont changés, mon cher Pigny !

Le terroriste de 48 a monté en grade et en honneurs. Il a réalisé une belle fortune ; il s'est fait donner une mission dans la société de l'asile du Prince impérial. Il est de deux sociétés de bienfaisance, l'une à Paris, l'autre au Raincy. Il a été décoré et il s'est décoré du titre de poëte par-dessus le marché. Moi, je l'ai fait recevoir dans le syndicat. (*Voir les procès-verbaux.*) Je l'ai fait porter archiviste et proposé comme administrateur judiciaire au tribunal. (*Voir les procès-verbaux du temps.*)

Que voulez-vous, Pigny, cet être là me charmait !

Je suis resté l'avancé démocrate, moi !...

Je n'ai jamais eu de chance.

En 1867, j'étais devenu un gêneur. Je combattais toujours ses propositions cléricales. Et c'est lui, lui que j'ai tant aimé, qui a proposé mon exclusion du syndicat !

Si ma mémoire me sert bien, il y a une scène dans *Tartuffe* qui se termine ainsi :

. . . . . c'est à vous d'en sortir...

Aux dernières élections du syndicat, il a été le Pompier du 15 mai. Il a envahi l'assemblée.

Et, au nombre de cinq membres dont je m'honore de faire partie, nous avons donné notre démission avant l'ouverture de la séance. (*Voyez les procès-verbaux.*) C'est de l'histoire.

Mais n'anticipons pas. Revenons au Granger de 48. Je le perds de vue jusqu'en 1854.

De rouge qu'il était, qu'a-t-il fait pendant ces six années?...
L'Echo dit : « Il a *blanchi*. »

L'Histoire raconte qu'il s'est adonné aux fables. (*Rires.*)

On m'a dit depuis qu'elles avaient fait son malheur.

Ce qu'il y a de certain, c'est qu'elles n'ont pas fait le plaisir
des autres.

La Chambaudie les eût très-certainement laissées traîner
sur son paillasson. Il eût grondé sa femme de ménage de ne
les avoir pas balayées.

Comme le temps marche !

En 1855, il va porter son volume à Béranger et au père
Viennet (84 ans) ! ! !

Il obtient de ces deux illustres une mention honorable ; un
encouragement, finissant par ces mots traditionnels :

« *Continuez, cher poëte*, etc., etc. »

Béranger n'en faisait jamais d'autres ; c'est le seul reproche
que j'adresse à sa mémoire.

Comme Victor Hugo, il savait se débarrasser des importuns
et des poëtes sans ouvrage.

Eh bien, bon Pigny, le croirez-vous ? ce poëte de l'avenir
encouragé par Béranger, en 1855, publie et chante douze ans
plus tard huit couplets, dont j'extrais le moins idiot de tous :

BOUQUET A THIELLEMENT.

Chacun, dans notre colonie,
L'aime, l'estime et l'apprécie ;
Or, son grand zèle fait *qu'aussi*.
On l'appelle : *Papa Raincy* !
C'est la *clef de voûte* du temple ;
Cherchons à suivre son exemple.
Ou, mieux encor, de dévouement,
Sachons lutter avec Thiellement.

Comme on voit bien que le magister du village n'a pas
passé par là cette fois.

Ramollissement du cerveau, voilà bien de tes coups !

Mon cher collègue, je vous donne ma parole d'honneur que cette poésie est de lui. Chantée sur l'air de *Fualdès*, elle ferait mieux dans le paysage, je vous jure ; mais qu'importe ? elle doit être de lui, si j'en juge par les mauvais vers que je lui ai corrigés au Raincy. Il peut dire avec orgueil et avec Molière :

> Guenille si tu veux, ma guenille m'est chère.

et avec Alfred de Musset :

> Mon verre n'est pas grand, mais je bois dans mon verre.

Le grand tort de ce fabuleux fabuliste est d'avoir touché à la hache. — La hache de Granger, c'est la littérature ! ! !

On dit, mais je n'en suis pas certain, que la chose lui est venue un soir qu'il assistait à une répétition générale du *Banc d'huîtres* de mon ami Clairville ; il s'écria, dit-on, dans un divin transport : *Anch'io son Pittore !*

Ceci sous toutes réserves, bien entendu.

Je vous vois sourire... Vous semblez douter alors que les vers de sa brochure pavé soient de lui ?... Vous êtes méchant, Pigny. Ils sont de lui, — revus et corrigés. — Ce jour-là, Lucullus ne soupait pas chez Lucullus. Ils étaient assez bons pour le papa Raincy.

Pour moi, je le vois, il aura mis ses poésies du dimanche.

Et tenez, Pigny, si vous doutez encore, faisons une chose : voici venir bientôt la fête du village. Sous le péristyle de notre mairie provisoire, enfermons Antiochus-Granger dans un cercle de Popilius ; je ferai Popilius. Je lui donnerai le titre d'un chapitre qui manque aux *Faux bons hommes* de mon ami Barrière. Il vous bâclera trente vers en moins d'une heure et les lira d'une voix émue aux habitants étonnés un peu avant le feu d'artifice.

Vous verrez que la petite fête sera charmante.

> De Granger si j'en crois les vrais apologistes,
> Il amuse beaucoup les épiciers-droguistes.

Songez-y.

J'abuse de votre patience, Pigny. Encore deux vers mal heureux de Granger et je termine :

> *Ce grand roi de la blague a la bile au visage,*
> *Et la colère au cœur depuis son* DÉGOMMAGE...

Vous m'avez calomnié, monsieur, et vous êtes malhabile. On jette de la cendre sur ces saletés-là, monsieur. Je veux bien vous confondre : Escobar, Jarnac n'eussent pas mieux fait.

J'en appelle au souvenir de mes ex-collègues; je m'adresse à leur loyauté.

Vous avez, à l'insu du président et des membres du syndicat, composé sournoisement une liste de trente membres, sur lesquels l'assemblée devait en choisir quinze. Elle a été distribuée au moment du vote par vos appariteurs, en vertu de votre pouvoir discrétionnaire. Cette liste portait en tête :

Liste de MM. les administrateurs du Raincy.

Par ce fait, vous vous mettiez en insurrection patente contre les douze membres du syndicat, dont vous n'êtes qu'une émanation. Ils pouvaient sur l'heure vous révoquer des fonctions qu'ils vous avaient confiées. Ils ne l'ont pas voulu, par respect pour l'assemblée.

Sur cette liste, figuraient les noms de trois hommes morts et ceux de deux en faillite. Qu'importe, *Diviser pour régner*.

Cette manœuvre électorale, digne des plus mauvais jours de la Restauration, vous a réussi, monsieur Granger.

J'ai pu rire ailleurs de vos méchants vers ; ici, je m'attriste de votre audacieuse tentative couronnée de succès.

J'étais démissionnaire. Vous ne m'avez donc pas renversé de *ma chaise curule*, comme vous le fait dire le magister du village.

Il y avait cinq *chaises curules* vacantes, Monsieur. Vous avez pris celle de M. Pigny, et M. Pigny a pris la mienne.

Que cette courte échelle vous soit légère !

M. le magister vous a fait mentir, quand il vous a fait m'adresser ces deux vers :

> *Ce grand roi de la blague a la bile au visage,*
> *Et la colère au cœur depuis son* DÉGOMMAGE.

J'ai mieux que cela pour vous.

Vous remarquerez, cher monsieur Granger, que je m'inquiète fort peu que vous soyez le délégué de Livry, plutôt que M. Morel ; c'est une question politique à laquelle je ne veux pas toucher.

Je terminerai donc par une citation des deux vers maladroits que vous m'envoyez *ad hominem :*

> Toi qui naguère éta's de notre syndicat,
> Où ton z le brilla d'un NÉGATIF éclat.

Vous m'obligez, cher bon, à reprocher à vos deux petits camarades les quelques services que je leur ai rendus.

Tant pis pour eux, puisqu'ils vous y autorisent :

A VOUS, MONSIEUR PIGNY.

Un jour que je folliculais paisiblement au *Tintamarre*, je vous vis entrer et ma joie fut vive. Vous aviez pour vos débuts de secrétaire un rapport à faire à l'assemblée générale, et vous ne saviez comment vous y prendre.

On peut appartenir à la compagnie *l'Aigle* et n'en être pas un quand il s'agit de parler à une grande assemblée.

Je me mets à votre disposition. Je vous recommande de vous procurer les procès-verbaux de l'année, — je vous présidais alors, — et, de mon pied léger, je me rends dans vos bureaux, où je vous rapporte, deux jours après, *votre* rapport tout battant neuf. Vous comprenez alors qu'il vous sera peut-être difficile de lire mon écriture, et vous le recopiez (sans y rien changer).

Le jour de la réunion de l'assemblée arrive. Vous êtes à la tribune. Vous lisez. Mon cœur se serre et je me dis *in petto :* si j'avais trompé sa confiance !...

J'étais tout haletant de crainte et d'espérance.

Vous achevez la lecture de MON rapport... Il est accueilli par des bravos... vous vous inclinez en signe de remerciements... mon cœur se désoppresse... mes entrailles de père sont toutes joyeuses... et, je ne sais si c'est nerveux, j'ai envie de rire aux larmes, — et je regarde le père Fège pour m'attrister !

Ce jour-là, je l'avoue, j'ai vraiment brillé d'un *négatif* éclat.

Je vous ai donc appris commen on devenait secrétaire.

En vous présidant et en vous rappelant maintes fois à la question, je vous ai appris comment on présidait.

Aujourd'hui, vous avez ma place.

Vous présidez !!!

A VOUS, MONSIEUR THIELLEMENT.

Vous êtes le plus charmant homme du monde — quand vous n'êtes pas suivi de vos mamelucks.

Vous êtes à juste titre estimé de tout le village ;

Aussi ai-je placé votre nom en tête des plus dignes.

Depuis la fondation de la colonie (j'étais à vos côtés), je vous ai vu à l'œuvre, et tout le monde comme moi a su apprécier votre loyauté ; vos travaux incessants pour l'édification en commune de notre petite république. Et je comprends, un peu tard, qu'à côté de vous, Monsieur, qui m'avez fait votre président, je n'aie jamais brillé que d'un *négatif* éclat.

Un jour, mes aptitudes connues pour l'expertise des livres me firent nommer commissaire pour l'examen de votre comptabilité...

Je l'ai trouvée absurde. Mais je n'ai pu m'empêcher de rendre hommage aux soins multiples que vous preniez de pouvoir dire à tous et à toute heure : « Voyez mes œuvres, voyez mon honorabilité. »

Dans mon rapport, en bon collègue, j'ai su colorer aux yeux de l'assemblée ce qu'avait d'insolite le fatras d'écritures que j'avais vérifiées.

Je ne me serais pas pardonné d'avoir voulu froisser votre modestie.

S'il vous en souvient, Monsieur, mon rapport fut accueilli avec quelque bienveillance ; je crois même qu'il brilla d'un *tout petit* éclat.

Quelques plaisanteries sur vous, dans mon journal, ont motivé votre rancune ; j'en suis fâché pour votre esprit.

Vous avez eu la faiblesse de laisser déteindre sur vous le poëte Granger — (Béranger du Raincy dans ses moments de loisirs.) Il vous a complétement changé à mon endroit.

Une petite tache dans votre soleil.

Vous avez fait planter d'arbres le rond-point que l'ingénieur de la Société venderesse avait ménagé pour la vue des six routes qui convergent dans l'axe de ce rond-point.

Si ces nombreux tilleuls qui brisent les lignes de la perspective deviennent ombreux un jour, — et si Dieu me permet d'attendre jusque-là, vous me verrez souvent à l'ombre de leur frais ombrag·, assis sur les bancs qu'ils attendent, lisant les vers de M. Granger et ceux du magister.

Jurez-moi, Monsieur Thiellement, que vous ne permettrez jamais qu'on y tire des macarons

Et je vous pardonne ce vandalisme.

A VOUS, MONSIEUR GRANGER.

Le jour où j'ai vraiment brillé d'un *négatif* éclat : ce jour-là, je vous le jure, j'ai fait rude besogne :

.   .   .   .

J'ai nettoyé vos vers !!!

.   .   .   .

Faites des cuirasses, maître André, faites des cuirasses !

Au revoir, mes maîtres!...

J'AI DIT.

Embrassons-nous, Folleville.

COMMERSON.

Paris — Imprimerie Dubuisson et Cᵉ, rue Coq-Héron, 5